UNA VAMPATA D'AMORE

Un capolavoro di Ingmar Bergman

Saggio

Salvatore M. Ruggiero

Una vampata d'amore

(1953)

(Titolo originale:
Gycklarnas afton
titolo in inglese:
Sawdust and Tinsel)

a tutte le persone che confondono...
fantasia e realtà.

Una frase:

*"La cosa peggiore è
l'indifferenza: il peccato peggiore
è l'omissione, il disimpegno.[1]"*

---

1   Ingmar Bergman, *Lanterna magica.*

PRESENTAZIONE

Nel 1952, Ingmar Bergman ha appena trentaquattro anni, ma la sua vita professionale è già definitivamente decollata e abbastanza intensa.

Produce per la radio *Quel colpevole fardello della notte* di Alberto Perrini[2]; venuto meno l'uomo che avrebbe dovuto fargli varcare il portone del Dramaten[3] ottiene la nomina di regista al Teatro Municipale di Malmo, comunque uno dei maggiori della Scandinavia, dove rimarrà per otto anni e produrrà tredici regie

---

2 Alberto Perrini (1919 – non vivente), scrittore, autore teatrale, critico letterario e giornalista italiano.
3 Dramatiska Teatern di Stoccolma.

per altrettanti spettacoli; gira due ottimi film che otterranno entrambi un notevole successo di critica e di pubblico: *Donne in attesa*[4] e *Monica e il desiderio*[5]; lancerà all'attenzione del mondo una grande attrice: Harriet Andersson, che sarà per qualche tempo la sua compagna di vita dopo la rottura del suo matrimonio con Gun Hagberg[6]; per il teatro dirigerà opere di August Strindberg, Garcia Lorca, Jean Anouilh.

Nel 1953 gira *Una vampata d'amore*[7] e *Una lezione d'amore*[8].

---

4   *Kvinnors vantan,* 1952.
5   *Sommaren med Monika,* 1952
6   Ingmar Bergman avrà in tutto 5 mogli e da esse 9 figli.
7   *Gycklarnas afton,* 1953.
8   *En lektion karlek,* 1953.

Riscuoterà i dividendi del buon successo ottenuto al botteghino da *Monika e il desiderio*, rappresenterà *Sei personaggi in cerca d'autore* di Pirandello e comincerà la convivenza con Bibi Andersson, un'altra delle sue attrici feticcio.

"Su Una vampata d'amore *non c'è molto da dire. Si può apprezzare che il film è un tumulto, ma un tumulto ben organizzato.[9]"*

Il film prende lo spunto da un episodio vero della vita di Ingmar Bergman che lo stesso regista racconta.

"Qualche anno prima ero stato sconsideratamente innamorato. Con il pretesto dell'interesse

---

9   Ingmar Bergman, *Immagini.*

professionale, spinsi la mia amata a raccontarmi nei dettagli le sue sfaccettate esperienze erotiche. La specifica eccitazione della gelosia retrospettiva mi logorò, graffiandomi nelle viscere e nel sesso. I rituali più primitivi dell'umiliazione formarono con la gelosia una lega indissolubile. Questa miscela per poco non fece esplodere chi l'aveva prodotta. Se si vuole adoperare una terminologia musicale, si può dire che l'episodio di Frost e Alma è il motivo conduttore. Poi seguono, in una cornice temporale unitaria, una serie di variazioni: erotismo e umiliazione in combinazioni variabili. [10] "

_____
10 Ingmar Bergman, *Immagini*.

SINOSSI E SCENEGGIATURA

"All'alba lo scalcinato circo Alberti si sta dirigendo verso un'altra cittadina. Il direttore del circo Albert Johansson è seduto a cassetta assieme a Jens, uno dei clown. Questi racconta la storia di quando Alma, la moglie del clown bianco Frost, un giorno d'estate fece il bagno nuda sotto gli occhi di una squadra di artiglieri.[11] "

Il film è la storia di Albert Johansson, direttore di uno scalcagnato circo di provincia in profonda crisi di spettatori e d'incassi.

Albert ha una relazione con una

---

11 Ingmar Bergman, *Immagini.*

donna giovane e bella, Anna, chiamata enfaticamente la cavallerizza spagnola.

Per lei ha abbandonato, qualche anno prima, la moglie, la casa e i tre i figli.

Albert, accompagnato dalla sua attuale compagna Anna decide di fare una visita a teatro per chiedere in prestito dei costumi di scena al direttore Sjuberg.

Ai due appena arrivati e ritenuti disturbatori si rivolge anche con fare un po' brusco un inserviente magro e baffuto, il signor Blom: *"Chi state cercando?"*

Albert risponde: *"Il direttore."*

Inserviente: *"Sta provando."*

Albert: *"Aspetteremo."*

Inserviente: *"Ma è molto occupato."*

Il direttore, alzandosi in piedi e guardando in alto dal fondo della platea.

"Chi osa parlare durante le prove?"

Inserviente: *"Una signora e un gentiluomo vorrebbero parlarle signore."*

Direttore: *"Diteghi di andare all'inferno!"*

Poi, mentre si siede: *"No fateli venire."*

L'inserviente correndo dietro ai due che fanno per allontanarsi.

"Il direttore vi riceverà."

Albert, tentando di resistere alle insistenze dell'inserviente che lo tira per un braccio.

"Non era niente di importante. Possiamo tornare un altro giorno."

Albert: *"Buon giorno signor Sjuberg... Gran bella giornata. Mi chiamo Albert Johansson, sono il proprietario del circo Alberti che è arrivato oggi in città e questa è mia moglie Anna."*

Rivolgendosi ad Anna, che sta un po' dietro di lui.

"Fai un inchino."

Direttore: *"Cosa posso fare per voi? Una sedia per la signora, signor Blom. Posso?"*

Dopo aver accompagnato galante Anna alla sua sedia le fa cenno di sedere.

"La ascolto signor Alberti."

Albert: *"Beh, il fatto è che in uno sfortunato incidente metà dei nostri costumi sono andati perduti. Così pensavo che avrebbe potuto essere così gentile da aiutarci prestandoci mantelli, pantaloni, cappelli per stasera. Tra colleghi."*

Direttore: *"E se lascerete pidocchi nei nostri costumi? Scabbia, malattie veneree.."*

Sonore risate degli astanti.

Direttore: *"Come faccio a saperlo? Non conosco il circo. E' un serio rischio."*

Albert: *"Signor Sjuberg le garantisco."*

Direttore: *"Quanto potreste pagarmi?"*

Albert: *"Beh, pensavo forse... Quanto volete?"*

Direttore: *"Quanto non potreste pagare."*

Albert: *"Perché mi offendete?"*

Direttore. *"Perché? Perché apparteniamo alla stessa marmaglia, alla stessa banda e perché sopportate molto bene i miei insulti. Voi vivete nei carri, noi in sudici alberghi. Noi siamo attori voi saltimbanchi. Il peggiore di noi disprezza[12] il migliore di voi. E perché? Voi rischiate la vostra vita, noi la*

---

12 In alcune traduzioni il verbo disprezzare è sostituito dal verbo sputare: *Il peggiore di noi sputa sul migliore di voi.*

nostra vanità. Penso che voi signore siate ridicolo e troppo vistoso e la vostra giovane signora sia un po' troppo agghindata. Se aveste più coraggio potreste ridire della nostra falsa eleganza, delle nostre facce truccate, della nostra dizione ricercata. Perché non dovrei disprezzarvi? "

Albert: *"Non capisco."*

Direttore: *"E' questa la vostra forza."*

Albert: *"E i costumi?"*

Direttore: *"Prendete quelli che volete."*

Albert: *"E il prezzo?"*

Direttore: *"Ci inviterete al circo stasera."*

Albert: *"Quale onore."*

Direttore: *"Proprio così. Il signor Blom vi mostrerà la soffitta."*

Il direttore saluta Anna togliendosi il cappello e va via sprezzante.

Anna, che ha accompagnato il suo compagno Albert, proprio in questa occasione conosce l'attore Frans, un fascinoso e intraprendente dongiovanni.

Da lui si farà prima irretire e poi sedurre.

Quando Albert decide di recarsi in visita alla moglie, Anna approfittando della sua assenza e irritata dalla decisione del compagno, torna a teatro, dove lo tradisce con l'attore, attirata dallo scintillio di un gioiello che Frans le ciondola sotto il naso, ma che si rivelerà falso, una patacca senza valore.

Anche Albert viene sedotto, non dalla moglie, ma dalla sua vita tranquilla di agiata commerciante.

Le chiede, addirittura, se può tornare da lei, stanco e deluso dalla vita raminga e povera del circense.

In cambio le offre il suo aiuto come commesso nei suoi negozi.

Ma la moglie rifiuta, avendo individuato proprio nell'ex marito la fonte di tutti i suoi precedenti guai e delle sue preoccupazioni.

Durante il primo spettacolo serale, Anna viene offesa da Frans che rivela a tutti la loro relazione.

Poi Frans, sempre più volgarmente offende, umilia e malmena Albert, che volendo vendicare la scappatella della sua compagna lo sfida a battersi con lui al centro della platea.

Albert, distrutto moralmente e fisicamente, e ormai senza prospettive, prima annuncia il suicidio, poi minaccia una strage, infine ci ripensa e ammazza solo l'orso di Alma.

Alla fine tutto tornerà al suo posto.

Il circo ripartirà per il suo tour.

Albert e Anna torneranno insieme.

Si daranno un'altra possibilità.

RECENSIONE

Il film si basa essenzialmente su un episodio autobiografico.

Bergman che costringe una sua amante a raccontargli le sue passate esperienze erotiche.

Da qui la logorante esperienza della gelosia che lui ricorda condensandola nel drammatico prologo, che fa raccontare ad Albert, *ergo* allo spettatore, dal cocchiere di uno dei carri.

Alma, la domatrice di orsi, esibizionista, forse ninfomane, fa il bagno nuda davanti agli sguardi divertiti ed eccitati di un reggimento di soldati che si sta esercitando in un poligono di tiro.

Il marito Frost, avvertito da un inserviente di quanto sta succedendo alle sue spalle, accecato dalla gelosia, va a recuperarla tra gli sberleffi della truppa, e prendendola di peso tenta di riportarla sotto il tendone del circo.

Ha un malore fisico, dovuto allo sforzo immane e viene aiutato dai suoi colleghi circensi, che si sono stretti solidali intorno a lui.

Se non è espressionismo questo!

La scena sembra estratta da un film tedesco muto degli anni '20: i ripetuti primi piani, alternati ai campi lunghi, effettuati sempre nella piena saturazione del bianco e nero, quindi della luce[13]; il

---

13 Sul set del film i direttori della fotografia sono due: Sven Nyqvist e Hilding Bladh.

montaggio mai banale, quasi contrastato; le riprese a volte bloccate in una fissità allucinata, a volte febbrili, altre volte con angolazioni pazzesche e, comunque mai geometriche né, meno che meno, prevedibili; i volti provati dalla umiliazione o deformati dallo sforzo; le facce pesantemente truccate e gli occhi cerchiati di nero; i capelli bianchi di Alma, come il suo viso sul quale spiccano solo le labbra scure; il viso ugualmente bianco di cerone del clown bianco; i corpi storti, schiacciati sotto il peso di altri corpi anch'essi resi plastici dalle prese degne dei lottatori greco-romani; la folla che apre muta le sue ali al passaggio della coppia umiliata dalle risate del battaglione; le ferite inferte ai piedi di Frost, dal passaggio sulle pietre appuntite del tragitto fino al circo; infine, l'aiuto dei colleghi circensi ad un Frost che, esausto quasi asfissiato dallo sforzo, crolla sotto il peso della moglie: da solo non sarebbe mai riuscito a raggiungere il circo...

Ingmar Bergman non risparmia niente di tutta la sua arte drammaturgica allo spettatore, per renderlo partecipe della *Via crucis*[14] del protagonista accecato, ma anche reso incredibilmente resistente, dalla gelosia.

Lo stesso Ingmar Bergman scrisse a tale proposito: *"Il romanticismo, trionfante o*

---

14 La scena fu definita dai critici anche: Golgota e Calvario.

residuale, dei film precedenti è completamente superato da una forma di aggressività estetica che si esprime attraverso l'espressionismo delle immagini, la virulenza della recitazione e quella specie di sadismo con la quale vengono scarnificati, umiliati, annientati il personaggio e l'umanità che esse rappresenta.[15]"

Chi assiste alla *via crucis* di Frost avrà l'impressione di essersi animato in una tela, una scultura o un incisione di Kirchner[16].

Oppure, meglio ancora, di essere stato trasportato di peso

---

15 Alfonso Moscato, *Ingmar Bergman, La verità e il suo doppio.*

16 Ernst Ludwig Kirchner (Aschaffenburg, 6 maggio 1880-Davos, 15 giugno 1938) è stato un pittore, scultore, incisore tedesco.

nell'atmosfera irreale e allucinata di un film di Lang[17], di Wiene[18] o di Murnau[19].

Una vampata d'amore è un film triste, duro, violento. Davvero.

Dalla critica francese dell'epoca fu definito il più nero dei film di Ingmar Bergman.

Vi si condensano, poi, alcuni temi cari a Ingmar Bergman, presi da film precedenti e che poi verranno

---

17 Fritz Lang, pseudonimo di Friedrich Christian Anton Lang (Vienna, 5 dicembre 1890-Beverly Hills, 2 agosto 1976) è stato un regista e sceneggiatore austriaco.

18 Robert Wiene (Breslavia, 27 aprile 1873-Parigi, 17 luglio 1938) è stato un regista, sceneggiatore e produttore cinematografico tedesco.

19 Friedrich Wilhelm Murnau (Bielefeld, 28 dicembre 1888-Santa Barbara, 11 marzo 1931) regista e sceneggiatore tedesco, vero nome Friedrich Wilhelm Plumpe, noto come *Murglie.*

anche ripresi nei film successivi.

Il rapporto tra le varie forme d'arte: il teatro arte nobile è opposto specularmente al circo, visto come una specie d'arte simile ma di rango molto inferiore.

Per rendersene conto basta ascoltare (oppure leggere) con attenzione i dialoghi tra i protagonisti della scena in cui Albert va fino al teatro per chiedere in prestito al direttore gli abiti di scena da utilizzare per la sfilata di propaganda che intende fare per le vie del paese.

Altri temi trattati sono: l'altalena tra realtà e fantasia; realtà e finzione; realtà e recitazione, che spesso si confondono e si compenetrano nella vita di tutti i giorni.

La sublime inattendibilità dell'arte, che trova la sua icona nell'attore vizioso e falso e fedifrago, Frans.

Ma anche nelle parole offensive che il direttore Sjoberg (autobiografia?) rivolge ad Albert, confessando, solo alla fine del suo monologo, di ritenersi uguale a lui, solo un po' ripulito.

I problematici rapporti di incomunicabilità tra le persone.

I rapporti (autobiografici anch'essi) di difficile gestione interpersonale del matrimonio, dell'amore, del sesso e della gelosia.

Il problema della infelicità e della

insoddisfazione come condizione umana irreversibile.

L'amore fra le persone e la famiglia come unica soluzione al problema della (in)felicità, della solitudine e dell'indigenza.

Harriet Andersson protagonista assoluta, nel ruolo di Anna, tiene il centro della scena con la sua bellezza prorompente e la sua spontaneità, si conferma grande dopo *Monica e il desiderio*[20] e prima di *Come in uno specchio*[21].

Anche se pare che giochi un po' a (ri)fare Monika, come nel film precedente.

Le similitudini tra i due personaggi sono impressionanti.

---

20 *Sommaren med Monika*, 1952.
21 *Sasom i en spegel*, 1960.

La sensualità, la carnalità, la immaturità, la ingenuità, la capacità seduttiva, la vulnerabilità, l'ambizione, la volubilità, la superficialità, la doppiezza, la amoralità, la voglia e la determinazione di mutare le proprie condizioni sociali ed economiche con ogni mezzo e ad ogni costo, sono esattamente le stesse dell'altro personaggio.

Accompagnate qui ad una altrettanto alta tendenza a delinquere e al tradimento, indirizzati entrambi alla ricerca di un miglioramento della vita e ad una migliore condizione economica.

Anche in questo film il disegno quasi criminale di una vita migliore fa arrivare Anna (come

Monika nel precedente) alle estreme conseguenze: quando praticamente senza remore di carattere morale, offre una prestazione sessuale all'attore Frans, in cambio di una promessa di assoluta discrezione (che peraltro l'attore infrangerà alla prima occasione pubblica) e alla offerta di un gioiello (che si dimostrerà falso come e più del suo munifico benefattore) che le promette un anno di sopravvivenza e di affrancamento dalla fame e dagli stenti del circo.

Un vero e proprio atto di prostituzione.

Bergman ricorda, qui come in *Monica e il desiderio,* che ci sono sostanzialmente due i modi in cui, nella Svezia degli anni '50, la donna poteva "liberarsi" dai bisogni e/o emanciparsi: la dura fatica, ancora senza pari opportunità, o la ..."bella vita", l'uso del corpo come merce di scambio.

"D'altronde per coloro che si trovavano in condizioni di povertà non c'erano che due soluzioni lineari, o lavorare duro accontentandosi e cercare a poco a poco di progredire oppure scegliere la via dell'illegalità con tutti i rischi che comportava. Per la donna esisteva inoltre la possibilità di fare la vita in modo libero e artigianale, collocandosi in una dimensione libera ma non priva di pericoli.[22]"

---

22 Claudio Papini, *Ben ritrovato, Ernst Ingmar!*

Appunto! E' proprio quello che accade ad Anna.

Da ricordare, infine, nel ruolo dell'altezzoso anziano direttore del teatro signor Sjuberg, la interpretazione di un ancora giovane Gunnar Bjornstrand[23], elegante, barbuto ed irridente, tutto sommato credibile, nel suo ruolo di ricco gentiluomo disponibile e comprensivo coi colleghi poveri del circo.

---

23 All'epoca del film aveva poco più di quarantanni.

CONCLUSIONE

Ancora un titolo tra i film di Ingmar Bergman malamente tradotto dai distributori italiani.

Il titolo originale, *Gyklarnas afton*, che doveva essere tradotto letteralmente con *La serata dei buffoni*, oppure con *La sera di un saltimbanco*[24], è stato storpiato invece con titolo come al solito ammiccante e fuorviante: *Una vampata d'amore.*

Che strizza l'occhio all'amore inteso come sesso e a storie torbide.

Una inutile allusione alle luci rosse che peraltro nel film non ci sono.

---

24 Come suggerisce pure Sergio Trasatti nel suo libro *Ingmar Bergman*.

Com'era già successo col bellissimo *Sommaren med Monika,* dell'anno precedente, interpretato, ironia della sorte dalla stessa attrice, Harriet Andersson, che era stato tradotto nel volgare, quasi pornografico *Monica e il desiderio*, invece che letteralmente in *Un'estate con Monica*[25].

La prima del film si tenne a Stoccolma il 14 settembre 1953.

"Una vampata d'amore *ricevette un'accoglienza di cui il minimo che si potesse dire era che si trattava di una mistura di giudizi differenti. Uno stimato critico di Stoccolma scrisse di <...rifiutarsi*

---

25 E' anche il titolo di un saggio racconto dello stesso autore di questa recensione.

di valutare ocularmente l'ultima opera del signor Bergman.> *L'espressione è abbastanza significativa per l'astio che incontravo da molte parti. Purtroppo, anche a costo di essere noioso, non posso affermare che non ne fui influenzato.[26] "*

Oltre alla questione personale dei racconti sulla gelosia che si faceva fare da una sua compagna, il film contiene un ulteriore tratto autobiografico che lo stesso Ingmar Bergman racconta.

"Una vampata d'amore *è un film relativamente sincero e svergognatamente personale...*

---

26 Ingmar Bergman, *Immagini.*

Albert Johansson, direttore del circo, ama Anna e la confusa vita del circo. Però viene attratto dalla sicurezza piccolo-borghese della moglie abbandonata. Lui è, in breve, un tumulto di pensieri ambulante. Il fatto che Ake Gronberg lo interpreti e che la parte sia scritta per lui, non vuole affatto dire che il film ha subito l'influsso del Varieté[27] *di Dupont con Emil Jannings. La cosa è più semplice. Se un regista magro e sottile vuole fare il proprio autoritratto, non c'è dubbio che sceglierà un uomo grasso.[28] "*

---

27 Film del 1925 diretto da Ewald André Dupont, anch'esso ambientato nell'ambiente circense.
28 Ingmar Bergman, *Immagini.*

"Come ho già affermato: non ho tanto da dire su Una vampata d'amore.[29] "

E, mutuando quello che scrive il Maestro, chiudo questo mio saggio monografico affermando che ...pure io ho scritto tutto quello che potevo sul suo film.

---

29 Ibidem.

NOTIZIE SUL FILM

Titolo originale	*Gycklarnas afton*
Lingua originale	Svedese
Paese di produzione	Svezia
Anno	1953
Durata	93 min
Colore	B/N
Audio	sonoro (mono)
Rapporto	1,37 : 1
Genere	drammatico
Regia	Ingmar Bergman
Soggetto	Ingmar Bergman
Sceneggiatura	Ingmar Bergman
Produttore	Rune Waldekranz
Casa di produzione	Sandrews
Fotografia	Hilding Bladh Sven Nykvist
Montaggio	Carl-Olov Skeppstedt
Musiche	Karl-Birger Blomdahl
Scenografia	Bibi Lindström
Costumi	Mago
Trucco	Nils Nittel

PERSONAGGI E INTERPRETI

Åke Grönberg: Albert
Johansson
Harriet Andersson: Anne
Hasse Ekman: Frans
Anders Ek: Frost
Gudrun Brost: Alma
Annika Tretow: Agda
Erik Strandmark: Jens
Gunnar Björnstrand: signor
Sjuberg
Curt Löwgren: Blom
Kiki: il nano
Lissi Alandh: attrice di teatro
Julie Bernby: equilibrista
sulla fune
John W. Björling: Greven,
artista del circo
Naemi Briese: signora Meijer,
artista del circo

BIBLIOGRAFIA

Ingmar Bergman, *Immagini.*

Ingmar Bergman, *Lanterna magica.*

Olivier Assayas e Stig Bjorkman, *Conversazione con Ingmar Bergman.*

Claudio Papini, *Ben ritrovato, Ernst Ingmar!*

Salvatore M. Ruggiero, *Il genio di Uppsala, Il grande cinema di Ernst Ingmar Bergman spiegato a chi lo ignora.*

Antonio Costa, *Ingmar Bergman.*

Alberto Corsani, *Il libro che affiora.*

Aldo Garzia, *Bergman, The Genius.*

Alfonso Moscato, *Ingmar Bergman, La verità e il suo doppio.*

INDICE